ROBINET DE CLÉRY

Les
Prétentions Dynastiques

de la

Branche d'Orléans

Deux Lettres du Révérend Père BOLE

Aumônier de Frohsdorf

PARIS

H. DARAGON, Éditeur

96-98, *Rue Blanche*, 96-98

1910

Prix : 1 fr. 25.

Les Prétentions Dynastiques

de la Branche d'Orléans

ROBINET DE CLÉRY

Les
Prétentions Dynastiques
de la
Branche d'Orléans

Deux Lettres du Révérend Père BOLE
Aumônier de Frohsdorf

PARIS

H. DARAGON, Éditeur

96-98, Rue Blanche, 96-98

1910

Prix : 1 fr. 25.

LES PRÉTENTIONS DYNASTIQUES

DE LA

BRANCHE D'ORLÉANS

Deux lettres du Révérend Père BOLE

Aumônier de Frohsdorf

Sur quels faits reposent les prétentions dynastiques de la branche d'Orléans ?

Elle cherche à troubler la France en acclamant comme roi un prince dont les qualités personnelles ont été admirablement résumées par Edouard Drumont dans un article publié sous sa signature, dans la *Libre Parole* du 3 septembre 1894, où le vigoureux polémiste appréciait comme il suit les actes et la conduite du Comte de Paris et du jeune duc d'Orléans, le prétendant actuel :

« Plus encore que Louis-Philippe, le Comte de Paris avait le culte de l'argent,qui fut la seule foi vivante au cœur des orléanistes, le respect des grosses fortunes, eussent-elles été conquises par les plus abominables spéculations et les plus odieux coups de Bourse.

« On peut dire que, sous ce rapport, aucune âme de ce temps ne fut plus étrangère à tout sens moral que l'âme de ce prince, qui fut cependant un père de famille irréprochable, un parfait honnête homme dans le sens étroit du mot.

« Les Rothschild, les Hirsch, les Ephrussi arrivaient dans la demeure royale à la suite de quelque razzia qui avait révolté les plus difficiles à émouvoir, réduit au désespoir, à la misère, au suicide des milliers de Français. Le Comte de Paris n'en éprouvait nulle indignation ; il ne songeait pas une minute à ces malheureux Français qui avaient travaillé toute leur vie pour enrichir ces cosmopolites sans scrupules. Il recevait ces malfaiteurs avec une bonne grâce toujours égale. *Le duc d'Orléans allait chercher les Rothschild à la gare dans une voiture qu'il conduisait lui-même*, et la comtesse de Paris, dans les ventes de charité, tenait une boutique avec Mme Ephrussi.

« On a dit que les *aventures assez peu honorables du duc d'Orléans* avaient abrégé la vie du prétendant et que les coups portés à sa bourse avaient eu un écho jusque dans son estomac. La chose n'est pas impossible, mais là encore se vérifie la parole de Saint-Bonnet : « Les pères ont des enfants qui ressemblent au fond de leur pensée. »

« Si le comte de Paris avait élevé autrement son fils, s'il lui avait inspiré l'horreur de ces écumeurs hébraïques qui exploitent et déshonorent notre malheureux pays, on n'aurait pas vu un Dauphin de France, s'asseyant à la table d'un Juif enrichi par l'escroquerie des Lots turcs, buvant le champagne dans le château d'un Hirsch, *au milieu de Bavarois dont quelques-uns peut-être avaient tiré sur les femmes de Bazeilles.* »

Voilà le duc d'Orléans actuel, bien digne de ses ascendants, d'Egalité, de Louis-Philippe, complice de la défection de Dumouriez, complice de l'assassinat du duc de Bourbon pour s'emparer de sa fortune, héritier des 45 millions soutirés à la France, au moment même où elle avait à payer les milliards de l'indemnité de guerre, abritant de son drapeau tricolore à son château de Sicile l'empereur Guillaume II, sans songer à Metz, à Strasbourg, à l'Alsace-Lorraine courbée sous le joug allemand.

Arrière-petit-fils d'Egalité, petit-fils de Louis-Philippe, le duc d'Orléans a-t-il fait quelque chose qui le relève de l'indignité de pareils ancêtres ?

On l'acclame cependant du cri de Vive le Roi !

Est-il le Roi ? le représentant nécessaire du principe monarchique ? Et, à défaut de mieux, les royalistes de France sont-ils obligés de le reconnaître comme leur chef ?

Non ! mille fois non !

I.

Ce qui le sépare du trône, — ai-je besoin de le
répéter ici ?

C'est d'abord la survivance de Louis XVII,
supprimé grâce à la complicité de Louis XVIII
et de Louis-Philippe.

Ils se détestaient l'un l'autre, ces deux rivaux
avides de régner. Ils n'étaient d'accord que sur
un seul point : la nécessité de faire disparaître
sans reculer devant les crimes que leur comman-
dait la raison d'Etat, le fils du dernier roi de
France dont Egalité avait prononcé la mort sans
appel au peuple ni sursis, tant il avait hâte
de faire marcher sur Paris Dumouriez et son
armée unie aux Autrichiens par une première
trahison, prélude de toutes les trahisons de
Louis-Philippe.

II

Entre le duc d'Orléans et le trône de France, il y a encore la loi salique — la loi salique qui appelle au trône dans la famille royale par ordre de primogéniture et de proximité. Le comte de Paris était le 58ᵉ Bourbon ou à peu près. Son fils, le duc d'Orléans, n'a pas un meilleur rang.

Mais il y a, disent ses partisans, le traité d'Utrecht, qui aurait fait une coupe sombre parmi les Bourbons de la branche aînée, donnant à la branche d'Orléans la primogéniture qui lui manque.

Le traité d'Utrecht ! Comment faut-il l'interpréter ?

Je le demanderai à une autorité que ne peuvent

récuser les orléanistes, au dernier ministre des affaires étrangères de Louis-Philippe, négociant les fameux mariages espagnols.

L'Angleterre, qui s'y opposait, invoquait alors le traité d'Utrecht dans une note remise à M. Guizot par lord Normanby : — « Il y a dans cette note sur le traité d'Utrecht, notamment sur la guerre de succession, des assertions BIEN VIEILLES ET ETRANGES. » Mais M. Guizot ne s'en tint pas là. Il écrivit le 11 *octobre* 1846, comme ministre des affaires étrangères de France, une dépêche officielle par laquelle il interprétait les renonciations du traité d'Utrecht : — « On voulait d'une part, dit cette dépêche, assurer le trône aux descendants de Philippe V, de l'autre prévenir la réunion sur une même tête des couronnes de France et d'Espagne. Ce fut là l'objet des renonciations demandées d'une part à Philippe V, d'autre part aux ducs de Berry et d'Orléans. C'est là, par conséquent, ce qui détermine le vrai sens et la portée légitime de ces renonciations. Elles contiennent ce qui est nécessaire pour atteindre le but du traité d'Utrecht, mais elles ne sauraient s'étendre et ne s'étendent point en effet, au delà de ce but. »

Donc le traité d'Utrecht ne vaut pas mieux que la loi salique pour donner au duc d'Orléans la qualité qu'il s'attribue et que lui donnent, avec tant de tapage, ses partisans.

III

Il y a un autre argument, argument de sentiment, et non pas de droit monarchique. — Le comte de Chambord mourant aurait reconnu le comte de Paris pour son héritier.

A cela je réponds : Ce n'est pas vrai.

Le comte de Chambord n'avait pour cette branche de sa famille ni confiance, ni affection.

J'ai cité à plusieurs reprises deux exclamations de lui qui expriment avec énergie ses véritables sentiments :

Plutôt la République que les d'Orléans !

Tout, ET PLUTÔT LE DIABLE, *que les d'Orléans !* (1).

1. Général Comte de Cornulier Lucinière. *Souvenirs bretons*, p. 15.

Que s'est-il passé à Frohsdorf quand, sur son lit de mort, il a consenti à recevoir le comte de Paris.

Celui-ci et ses partisans ont joué, auprès de ce mourant, une comédie indigne, et ils ont, par un véritable escamotage, donné à cette réception, un caractère qu'elle n'avait pas, qu'elle ne pouvait pas avoir. Puis sur le mot d'ordre donné par quelques orléanistes, anciens ou nouveaux, les légitimistes se sont jetés, comme des moutons de Panurge, à la suite de ceux qui n'avaient pas cessé de les trahir, et le tour a été joué.

Ils ignoraient que quelques semaines auparavant le comte de Paris avait refusé de saisir l'occasion de la première communion de sa fille pour tenter un rapprochement qui eût été sans doute efficace, et malgré les efforts d'un ancien et fidèle serviteur de sa maison — loyal, celui-là — M. Estancelin (voir *Les Deux Fusions*, p. 302).

Jamais le comte de Chambord n'a reconnu le comte de Paris comme son successeur ni voulu le reconnaître.

De ce fait historique un témoin des plus auto-

risés, e R. P. Bole, aumônier de Frohsdorf, con-
fident du comte de Chambord, qui l'a assisté dans
sa dernière maladie jusqu'à son dernier soupir,
a déposé dans deux lettres dont j'ai la copie.
Elles sont contemporaines des faits : elles ont
été écrites les 15 octobre et 19 novembre 1883.
Elles racontent des événements, alors tout ré-
cents, auxquels il avait assisté et que personne
ne connaissait mieux que lui. Il suffit de lire ces
lettres pour reconnaître la haute érudition du
respectable religieux qui les a écrites.

Le R. P. Bole, n'exprimait pas son opinion
personnelle, mais celle du comte de Chambord
lui-même. Il l'a déclaré dans les termes les plus
explicites au comte Urbain de Maillé.

« Le roi Henri V m'avait chargé », dit le R.
P. Bole, « de donner des leçons d'histoire au
« comte de Bardi; lorsqu'il fut question du traité
« d'Utrecht, je disais un jour en présence du Roi,
« que les princes d'Anjou, à cause des renoncia-
« tions, ne pouvaient régner en France. Le Roi
« intervint et me dit : *Je regrette, Père Bole, de*
« *vous interrompre ;* MAIS JE NE PUIS ADMETTRE UNE

« SI FAUSSE INTERPRÉTATION ; VOUS INDUISEZ
« CE JEUNE PRINCE EN ERREUR. On fit sortir
« Monseigneur le comte de Bardi, il y eut une
« grande discussion entre le Roi et moi. Je dus
« m'absenter de Froshdorf et, tenant à mes idées,
« j'allai étudier la question en dehors de toute
« influence.

« Je pris aussi conseil de plusieurs juriscon-
« sultes appartenant à tous les partis. Quand on
« se croit dans son droit, on aime généralement
« à voir ses idées prévaloir ; *il n'en fut rien*. Je me
« rendis à l'évidence et m'inclinai devant la vé-
« rité. Je revins près de Monsieur le Comte de
« Chambord qui voulut bien rectifier lui-même
« mes notes relatives à ce traité (1).

1. Lettre ouverte à Son Altesse Royale Monseigneur le duc d'Orléans, par M. Bevenot des Haussois, Paris, 15 août 1899.

IV.

PREMIÈRE LETTRE DU R. P. BOLE

Frohsdorf, 15 octobre 1883.

« Oh ! si les légitimistes avaient suivi la ligne
de conduite que vous leur tracez, nous n'en se-
rions pas à déplorer les indignités qui se sont
commises, ici même, comme et surtout à Goritz!
Mais qu'attendre de ces cervelles creuses, pleines
de suffisance, et vides de science historique, de
droit, de principes, de tout en un mot, vraies gi-
rouettes tournant à tout vent, tout en croyant res-
ter fidèles au vrai principe monarchique ! C'est
inouï ! Ne les ai-je pas tous vus, tous entendus
déraisonner à qui mieux mieux, trois ou quatre

exceptés, parmi lesquels je dois compter M. de...
qui, partageant d'abord les idées communes, s'est
enfin rendu à des idées plus saines. En vérité je
n'aurais jamais cru qu'ils étaient ignares à ce
point. Il vous aurait fallu les voir s'agiter, se tré-
mousser, tourbillonner, pétiller *sicut sonitus spi-
narum ardentium sub olla* : beaucoup de bruit
pour rien. Il fallait protester contre Madame,
contre l'Etrangère, disaient ces prétendus légitimistes. On proposait un coup de main contre les
Bourbons d'Espagne et de Parme, contre ces princes étrangers, Bourbons de père et de mère, et
dont les lettres patentes de 1700 couvraient la na-
tionalité française, pour acclamer le petit-fils de
l'usurpateur, et l'arrière petit-fils du régicide.
On proclamait ses droits comme incontestables.
En vérité ! est-ce donc comme successeur de son
père, voleur du trône? Serait-ce comme successeur
d'Henri V. Mais si les Rois sont héréditaires d'a-
près notre droit national,d'après ce même droit les
dynasties sont *électives*. Serait-ce d'après la loi
salique ? Mais cette loi ne prescrit-elle pas que la
couronne est héréditaire de mâle en mâle suivant

l'ordre de *primogéniture* et de *proximité?* Or, d'après cette loi, il y a plus de 58 Bourbons de la branche aînée qui passent avant les d'Orléans. Voilà pour leurs droits incontestables.Je sais bien; dans la France actuelle, telle que l'ont faite les révolutions, on ne ferait que difficilement accepter pour Roi un prince espagnol, napolitain ou parmesan. Je le sais parfaitement. Aussi ne demandais-je pas qu'on supposât au mouvement qui portait le comte de Paris au trône. Tout ce que je désirais, c'est qu'on ne parlât pas de ses droits puisqu'il n'en a pas.

« Ce n'est pas que j'aie rien contre M. le comte de Paris.Je le crois honnête homme.Monseigneur, après la célèbre visite du 7 juillet, me dit : « Il s'est montré très bien, ainsi que le duc de Nemours et son fils. Si j'ai voulu les voir, c'est pour montrer au monde entier que, si Dieu me rappelle à Lui, je n'aurai rien conservé sur le cœur contre eux. »

« C'est donc un pardon, pardon sublime, héroïque, et non une reconnaissance du comte de Paris pour successeur à la couronne, comme ont voulu le prétendre maints royalistes à la douzaine qui ne savent pas que la couronne de France n'est pas un bien *patrimonial*, mais seulement *national*, et que par conséquent, Monseigneur, l'eût-il voulu, ne pouvait pas en disposer à son gré. Aussi ne l'a-t-il pas fait.

« Quant à la question de préséance, elle ne devait pas, elle ne pouvait pas être soulevée, d'abord parce que la place du comte de Paris n'était pas là, le prince héritier du trône (je parle dans le sens de ceux qui l'ont soulevée) n'assistant pas, suivant les coutumes de la cour, aux obsèques de son prédécesseur, comme cela s'est vu aux funérailles de Louis XVIII ; ensuite parce que les funérailles de Monseigneur avaient un caractère privé, que telle avait été la volonté formelle de Monseigneur, et que Madame, en leur conservant ce caractère, n'avait fait qu'exécuter, comme c'était son devoir et son droit, les dernières volontés de son mari ».

V

DEUXIÈME LETTRE DU R. P. BOLE

Frohsdorf, 19 novembre 1883.

« Question. — Dans quel sens et d'après quels documents peut-on dire que les dynasties sont électives ?

« R. 1°. — Les dynasties sont électives quelquefois dans le sens propre et le plus strict, c'est lorsque la dynastie s'éteint sans laisser de rejeton. La loi salique n'ayant pas alors d'application, il faut bien choisir une nouvelle dynastie pour remplacer celle qui n'est plus. Dans un sens moins strict les dynasties sont électives quand il y a quelque doute fondé sur le légitime success'élever sur la succession au trône, comme il arriva à la mort de Charles le Bel ».

« Les cahiers de Tours ne sont pas moins explicites, car ils décrètent « Qu'en cas de défaillance de la race royale, la Nation rentre dans le droit d'élire un roi ».

« N'est-ce pas ce que disait maintes fois Monseigneur : « *Après ma mort, la France redeviendra maîtresse de ses destinées. Je n'ai donc point à m'occuper de mon successeur, ce n'est point mon affaire* ».

« Comprend-on maintenant l'ignorance de ces étranges légitimistes qui crient à tue-tête : Mort le Roi ! Vive le Roi ! Le mort saisit le vif ! et celle de ces ignorants qui ne parlent que des droits incontestables du comte de Paris, et de ces autres naïfs qui prouvent la légitimité des princes d'Orléans et son droit au trône de France par la place qu'il prit à la table du Roi et par les embrassements que lui prodigua l'auguste malade, comme si par exemple le baiser du divin Maître au traître Judas lui avait conféré le pouvoir de l'asseoir sur un trône pour juger les 12 tribus d'Israël » ?

« Donc, à quelque point de vue qu'on le place, le duc d'Orléans n'est pas *le Roi*, ni en vertu de la loi salique, ni en vertu du traité d'Utrecht, ni en vertu d'une reconnaissance du comte de Chambord, qui n'a jamais existé et qui eût été sans valeur.

« Et je ne puis m'empêcher de m'écrier : Dieu merci ! »

VI

Le duc d'Orléans est le descendant d'une famille
dont les crimes et les infamies ne se comptent
pas. Ses trahisons envers la France sont plus ré-
voltantes encore que ses trahisons envers la cause
de la monarchie qu'il prétend représenter.

Le patriotisme des princes d'Orléans vaut leur
fidélité monarchique.

Dans un article de l'*Intransigeant*, où je rappe-
lais l'exclamation du comte de Chambord : *Plutôt la République que les d'Orléans*, j'ajoutais :
c'est comme royaliste et comme Français que je
refuse à la branche d'Orléans la qualification de
maison de France qu'elle s'attribue.

Comme royaliste, je n'ai rien à ajouter à ce que
disait si bien le R. P. Bole.

Il repoussait le petit-fils de l'usurpateur, l'arrière-petit-fils du régicide.

Comme Français !

A ce que je savais alors se sont ajoutées d'effroyables révélations.

J'ai établi dans la *Revue historique de la Question Louis XVII* (1) que Phillippe-Egalité était venu au camp de Dumouriez à la fin de décembre 1792 pour se concerter avec Dumouriez et Louis-Philippe sous les auspices de sa maîtresse, Mme de Genlis — que la condamnation de Louis XVI avait été résolue dans ces conciliabules, qu'Egalité avait exécuté ce pacte en votant la mort sans appel au peuple ni sursis — (car les conjurés étaient pressés). Puis ce pacte exécuté, l'infâme Egalité écrivait le 22 janvier 1793 : « Le gros cochon a été saigné hier (2) ».

Louis XVI mort, Louis-Philippe exécutait le plan convenu, essayait de livrer aux Autrichiens

1. Librairie H. Daragon, 96-98, Rue Blanche, Paris, 1905-1909. — 5 volumes de 300 pages, 50 francs.

2. Jean de Bonnefon. Documents généalogiques sur la maison d'Orléans.

Lille, Valenciennes et Condé, puis il passait à
l'ennemi, poursuivi dans sa fuite par la fusillade
des volontaires de l'Yonne, commandés par Davoust ; — Espagne, resté fidèle à la France, mort
général de division à Essling, avait également refusé de suivre Louis-Philippe. Aussi, devenu roi
des Français, celui-ci s'en vengea en faisant décapiter la statue d'Espagne qui figure dans la cour
de Versailles sous un autre nom.

Il passa ensuite en Suisse avec Mme de Genlis,
devenue sa maîtresse, comme elle avait été celle
de son père, et ne cessa de conspirer contre la
France avec un cynisme et une impudeur qui n'ont
jamais été égalés.

« De 1905 à 1915, nous avons eu et nous aurons
les plus beaux centenaires dont puisse s'enorgueillir une grande nation », dit avec raison M.
Gauthier Ferrières dans la *Revue française*.

Que faisait, qu'écrivait à l'époque d'Iéna et de
Wagram le chef de la branche d'Orléans, le futur
roi des Français, Louis-Philippe ? Sollicitant les
subsides de l'Angleterre, plus traître à son pays
qu'il ne l'avait été à son roi, l'ancien général de

division de Dumouriez écrivait à son affidé le comte d'Entraigues des lettres infâmes qui sont tombées entre mes mains et en celles d'un véritable patriote, M. Boissy d'Anglas, sénateur de l'Ardèche. Louis-Philippe ne se bornait pas à faire des vœux pour que les Français fussent *écrasés* dans les luttes qu'ils soutenaient contre l'Europe coalisée, mais il s'efforçait de prendre part à leur ruine et à leur susciter des ennemis.

J'ai dit que M. Boissy d'Anglas était un patriote, non pas un patriote de mise en scène théâtrale, mais un patriote du champ de bataille. Il n'a rien de commun avec ceux qui n'ont jamais vu l'ennemi, revenants de la Commune, cette négation de tout patriotisme, insulteurs de tous nos généraux, qui président aujourd'hui les grandes séances de la Ligue des Patriotes.

D'accord avec M. Boissy d'Anglas, j'ai résolu de faire la lumière sur cette partie trop peu connue de notre Histoire nationale. Si ceux qui liront les lettres de Louis-Philippe d'Orléans en novembre 1806 et en 1809 ont encore le courage de qualifier ses descendants de *maison de France*, c'est que leur patriotisme ne connaît pas les révoltes du dégoût.

J'en appelle même aux salariés les plus complaisants du bureau politique du prince Philippe.

Une dernière honte. Ce prince Philippe a pris pour courtier électoral d'un de ses' principaux camelots au faubourg Montmartre — Henri Rochefort, qui a été justement condamné, en 1871, par le conseil de guerre de Versailles pour avoir excité au massacre des otages, tout en prenant des précautions pour échapper aux responsabilités.

Alliance bien digne du descendant d'Egalité, qui a acheté sa plume vénale et, par une clause spéciale, de son traité, jusqu'à son cadavre pour la mise en scène d'une inhumation catholique.

ROBINET DE CLÉRY.

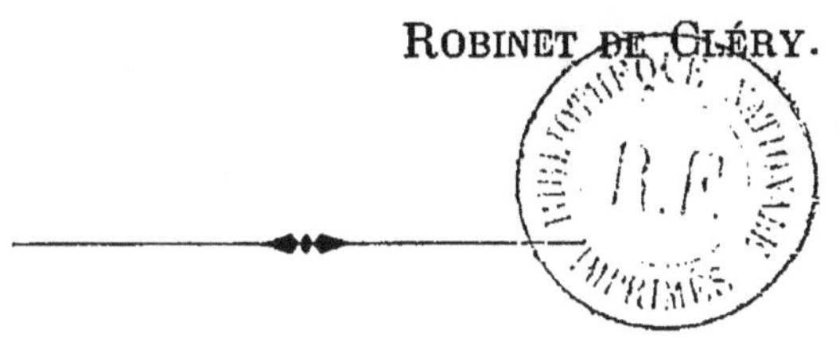

www.ingramcontent.com/pod-product-compliance
Lightning Source LLC
Chambersburg PA
CBHW071423030726

47594CB00006B/2549